Impressum
Verlag: BABADADA GmbH, Nedderfeld 112 , 22529 Hamburg
Geschäftsführer / Verlagsleitung: Harald Hof
Druck: Books on Demand GmbH, In de Tarpen 42, 22848 Norderstedt

Imprint
Publisher: BABADADA GmbH, Nedderfeld 112 , 22529 Hamburg, Germany
Managing Director / Publishing direction: Harald Hof
Print: Books on Demand GmbH, In de Tarpen 42, 22848 Norderstedt, Germany

școală

school

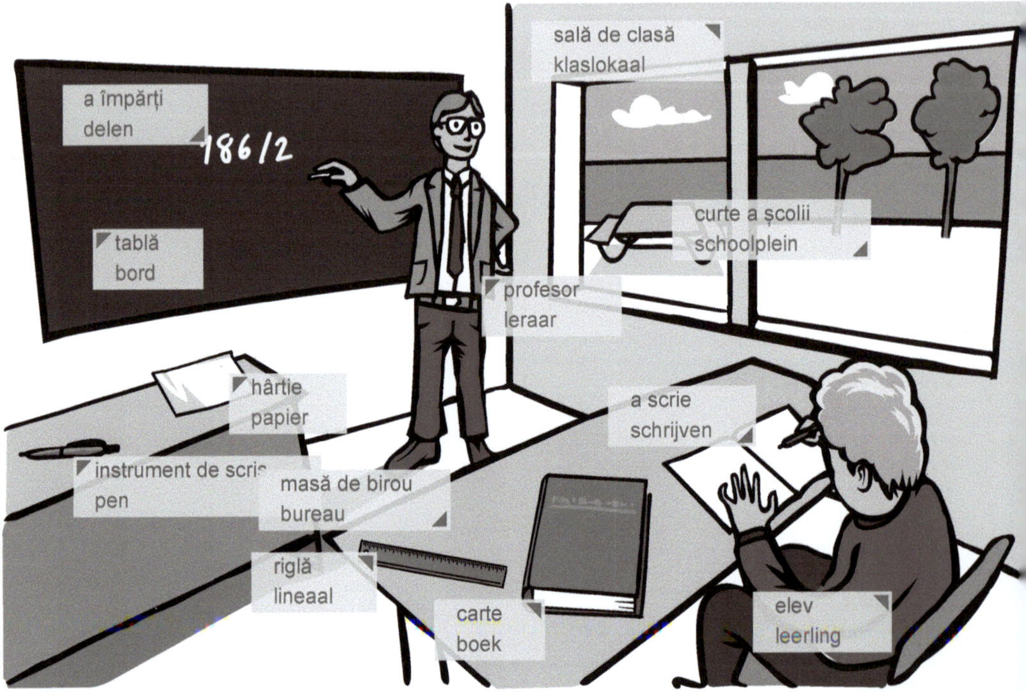

sală de clasă
klaslokaal
a împărți
delen
186/2
tablă
bord
curte a școlii
schoolplein
profesor
leraar
hârtie
papier
a scrie
schrijven
instrument de scri
pen
masă de birou
bureau
riglă
lineaal
carte
boek
elev
leerling

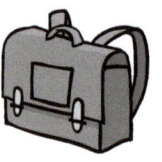

ghiozdan

schooltas

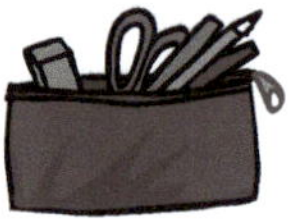

penar

etui

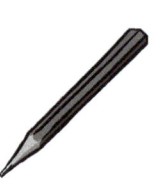

creion

potlood

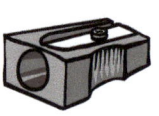

ascuțitoare

puntenslijper

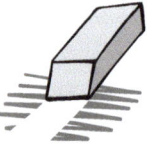

radieră

gum

bloc de desen

schetsblok

desen

tekening

pensulă

penseel

cutie de acuarele

verfdoos

foarfece

schaar

lipici

lijm

caiet de exerciții

schrift

temă

huiswerk

număr

getal

a aduna

optellen

a scădea

aftrekken

a multiplica

vermenigvuldigen

a calcula

rekenen

literă

letter

alfabet

alfabet

cuvânt

woord

text

tekst

a citi

lezen

cretă

krijt

oră

les

catalog

klassenboek

examen

examen

certificat

diploma

uniformă școlară

schooluniform

educație

opleiding

enciclopedie

encyclopedie

universitate

universiteit

microscop

microscoop

hartă

kaart

coș de gunoi

prullenmand

călătorie
reis

hotel
hotel
Grand
hostel
hostel
ROOMS
casă de schimb valutar
wisselkantoor
valiză
koffer
autovehicul
auto

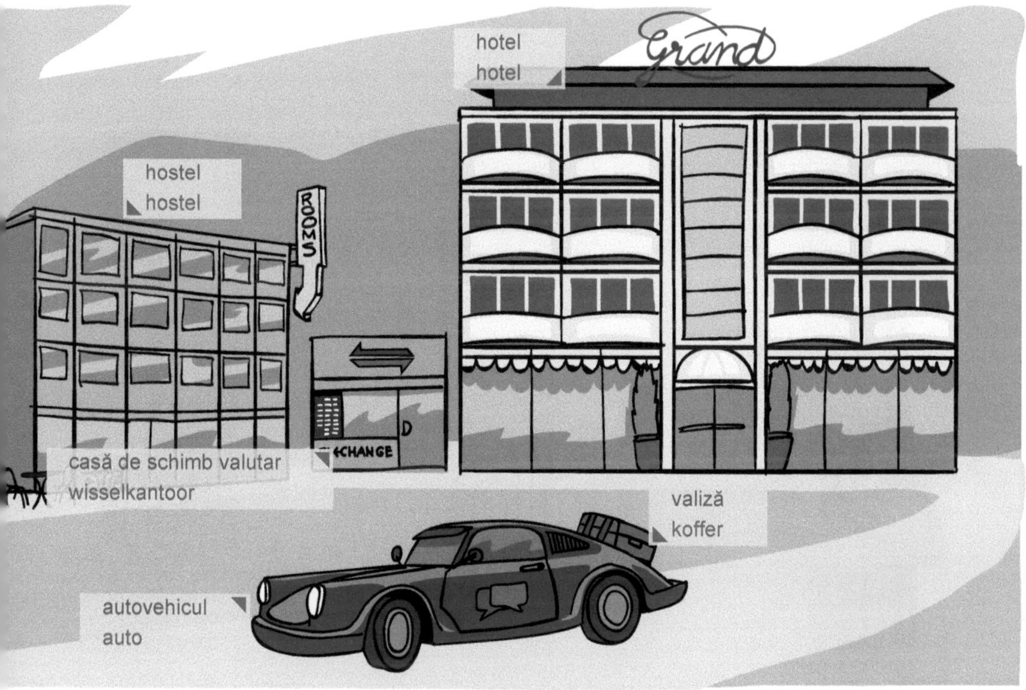

limbă

taal

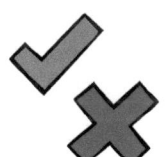

da/nu

ja / nee

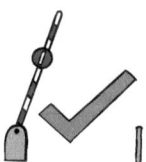

okay

oké

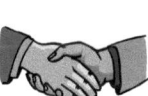

Bună!

Hallo!

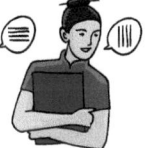

interpret

tolk

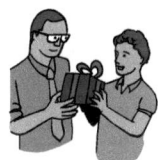

mulțumesc

Bedankt.

Cât costă...?

Wat kost ...?

Nu înțeleg

Ik begrijp het niet.

problemă

probleem

Bună seara!

Goedenavond!

Bună dimineața!

Goedemorgen!

Noapte bună!

Goedenacht!

la revedere

Tot ziens!

direcție

richting

bagaj

bagage

geantă

tas

rucsac

rugzak

oaspete

gast

cameră

kamer

sac de dormit

slaapzak

cort

tent

punct de informare turistică

VVV-kantoor

plajă

strand

carte de credit

creditkaart

mic dejun

ontbijt

masa de prânz

lunch

cină

diner

bilet de călătorie

kaartje

lift

lift

timbru poștal

postzegel

graniță

grens

vamă

douane

ambasadă

ambassade

viză

visum

pașaport

paspoort

transport
transport

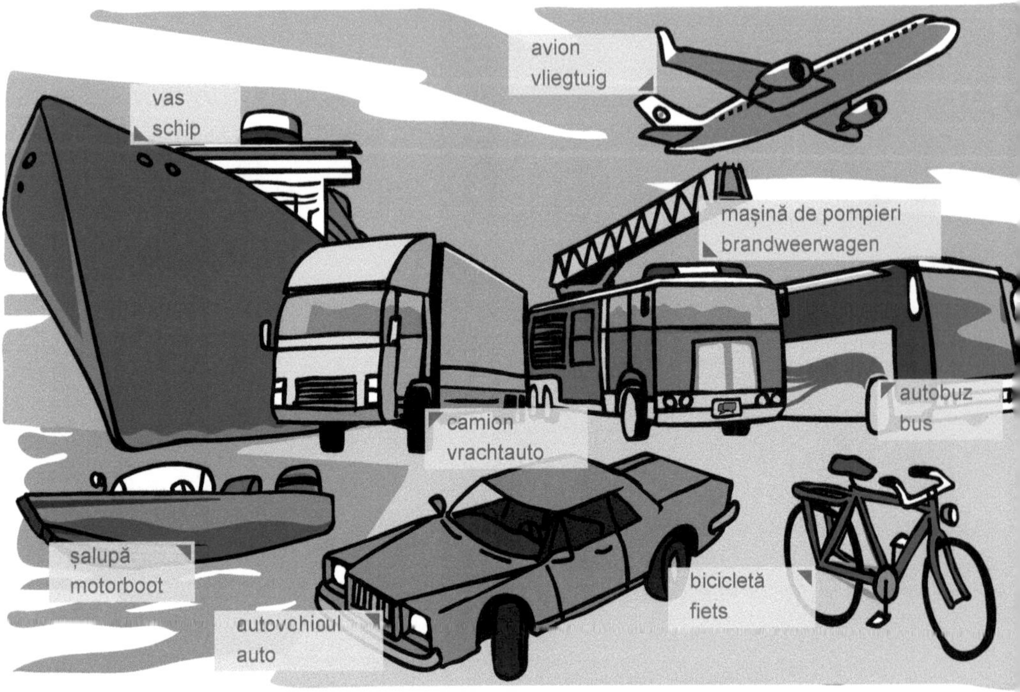
avion
vliegtuig
vas
schip
mașină de pompieri
brandweerwagen
autobuz
bus
camion
vrachtauto
șalupă
motorboot
bicicletă
fiets
autovehiculul
auto

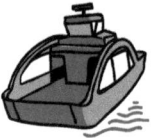

feribot

veerboot

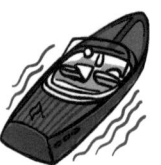

barcă

boot

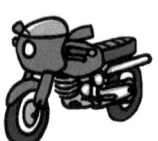

motocicletă

motorfiets

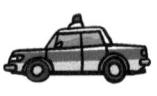

mașină de poliție

politiewagen

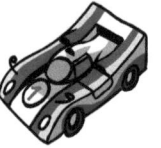

mașină de curse

raceauto

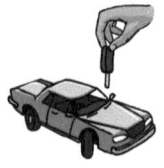

mașină închiriată

huurauto

car sharing

carsharing

mașină de tractat

takelwagen

mașină de gunoi

vuilniswagen

motor

motor

combustibil

benzine

benzinărie

benzinepomp

semn de circulație

verkeersbord

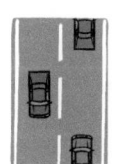

trafic

verkeer

ambuteiaj

file

parcare

parkeerplaats

gară

station

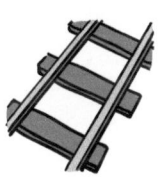

șine

rails

tren

trein

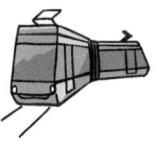

tramvai

tram

vagon

wagon

elicopter

helikopter

aeroport

luchthaven

turn

toren

pasager

passagier

container

container

carton

verhuisdoos

căruță

kar

coș

mand

a decola/a ateriza

opstijgen / landen

oraș
stad

sat

dorp

centru

stadscentrum

casă

huis

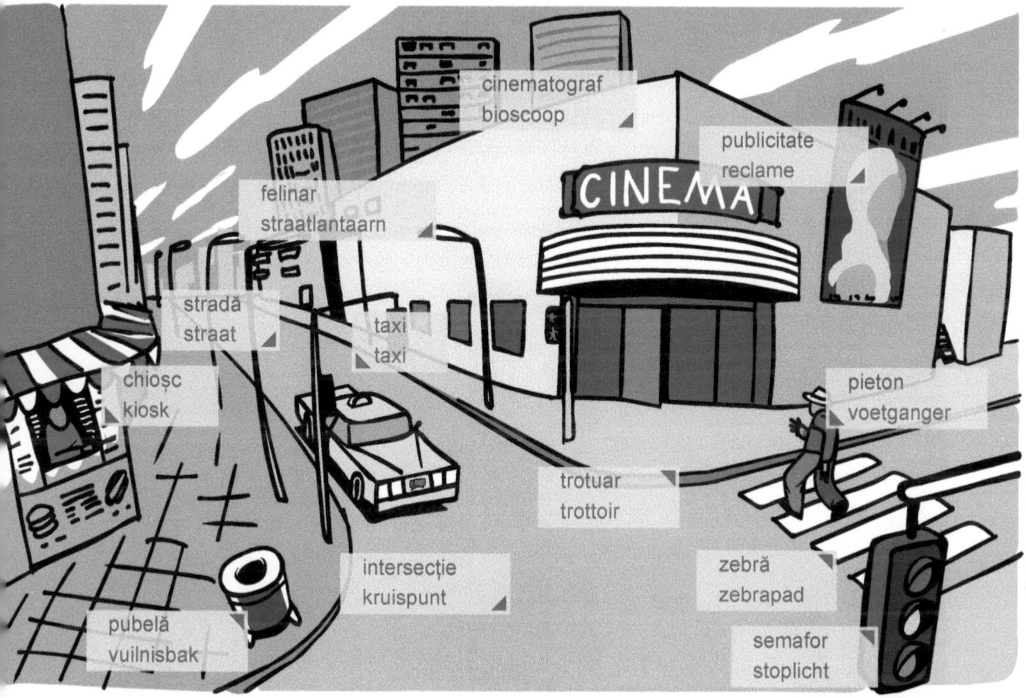

cinematograf
bioscoop
CINEMA
publicitate
reclame
felinar
straatlantaarn
stradă
straat
taxi
taxi
chioșc
kiosk
pieton
voetganger
trotuar
trottoir
intersecție
kruispunt
zebră
zebrapad
pubelă
vuilnisbak
semafor
stoplicht

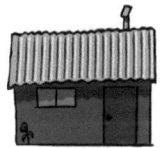

cabană

hut

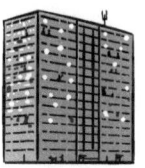

apartament

appartement

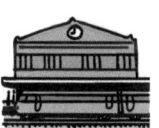

gară

station

primărie

stadhuis

MUSEUM

muzeu

museum

școală

school

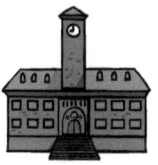

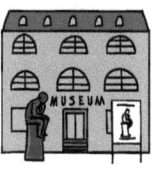

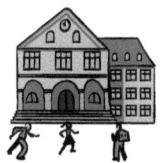

universitate

universiteit

bancă

bank

spital

ziekenhuis

hotel

hotel

farmacie

apotheek

birou

kantoor

librărie

boekenwinkel

magazin

winkel

florărie

bloemenwinkel

supermarket

supermarkt

piaţă

markt

magazin universal

warenhuis

comerciant de peşte

visboer

centru comercial

winkelcentrum

port

haven

parc
park

bancă
bank

pod
brug

trepte
trap

metrou
metro

tunel
tunnel

stație de autobuz
bushalte

bar
bar

restaurant
restaurant

cutie poștală
brievenbus

tăbliță indicatoare cu
numele străzii
straatnaambord

parcometru
parkeermeter

grădină zoologică
dierentuin

piscină
zwembad

moschee
moskee

gospodărie țărănească

boerderij

poluare

vervuiling

cimitir

begraafplaats

biserică

kerk

loc de joacă

speelplaats

templu

tempel

peisaj
landschap

frunză
blad

indicator
wegwijzer

drum
weg

pajiste
weide

piatră
steen

copac
boom

drumeț
wandelaar

râu
rivier

iarbă
gras

floare
bloem

vale

vallei

deal

berg

lac

meer

pădure

bos

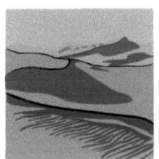

deșert

woestijn

vulcan

vulkaan

castel

kasteel

curcubeu

regenboog

ciupercă

paddenstoel

palmier

palmboom

țânțar

mug

muscă

vlieg

furnică

mier

albină

bij

păianjen

spin

gândac

kever

broască

kikker

veveriță

eekhoorn

arici

egel

iepure

haas

bufniță

uil

pasăre

vogel

lebădă

zwaan

porc mistreț

wild zwijn

cerb

hert

elan

eland

dig

stuwdam

turbină eoliană

windmolen

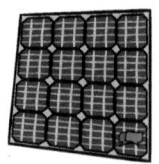

panou solar

zonnepaneel

climă

klimaat

restaurant
restaurant

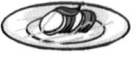

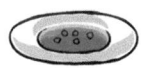

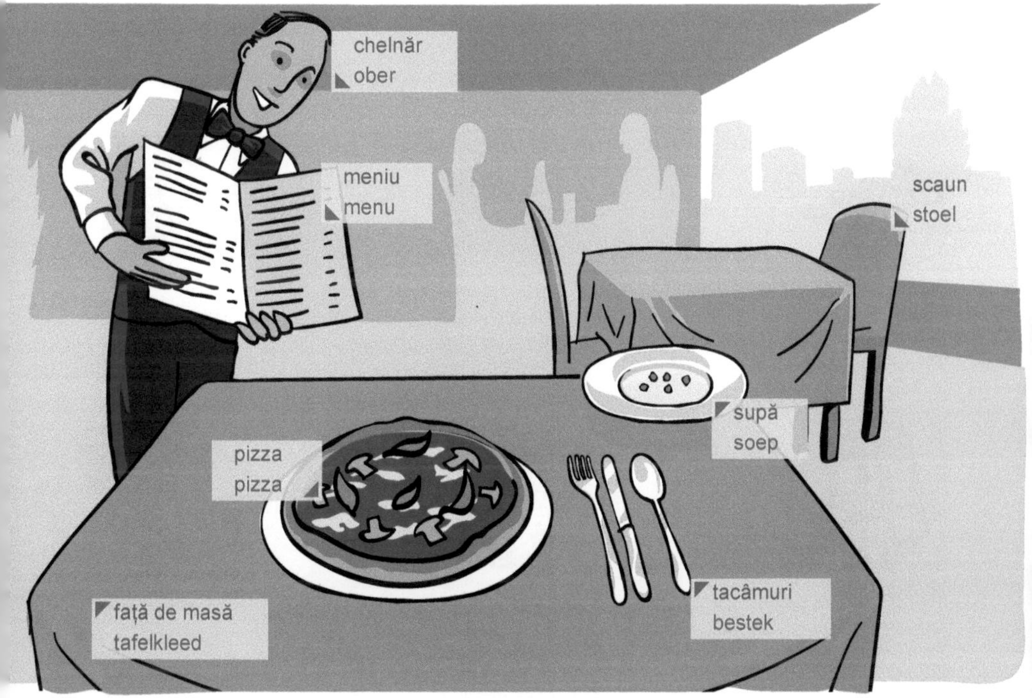
chelnăr
ober
meniu
menu
scaun
stoel
supă
soep
pizza
pizza
tacâmuri
bestek
față de masă
tafelkleed

antreu

voorgerecht

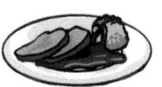

fel principal

hoofdgerecht

desert

toetje

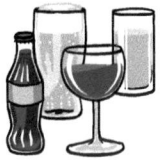

băuturi

dranken

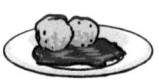

mâncare

eten

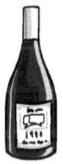

sticlă

fles

fastfood

fastfood

streetfood

eetkraampje

ceainic

theepot

zaharniță

suikerpot

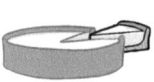

porție

portie

espressor

espressomachine

scaun înalt (pentru copii)

kinderstoel

factură

rekening

tavă

dienblad

cuțit

mes

furculiță

vork

lingură

lepel

linguriță

theelepel

șervețel

servet

pahar

glas

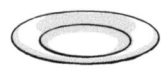

farfurie
bord

farfurie de supă
soepbord

farfurie
schotel

sos
saus

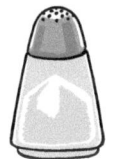

solniță
zoutvaatje

râșniță de piper
pepermolen

oțet
azijn

ulei
olie

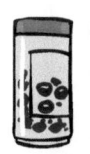

condimente
kruiden

ketchup
ketchup

muștar
mosterd

maioneză
mayonaise

supermarket
supermarkt

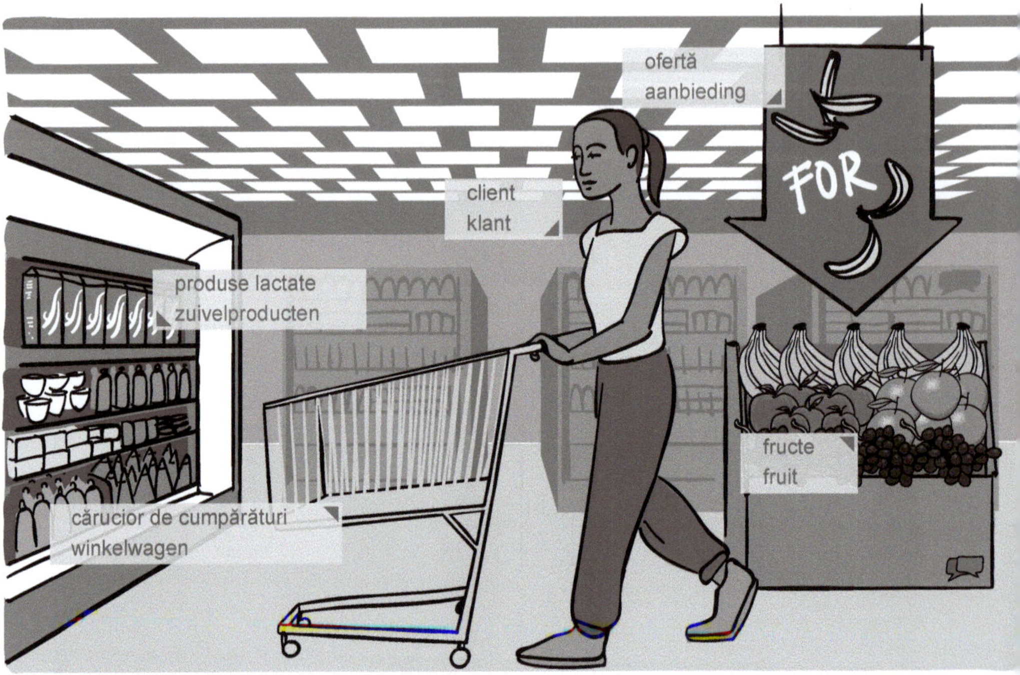

ofertă
aanbieding

client
klant

produse lactate
zuivelproducten

cărucior de cumpărături
winkelwagen

fructe
fruit

măcelărie
slager

brutărie
bakkerij

a cântări
wegen

legume
groente

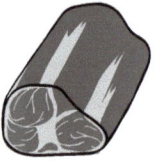

carne
vlees

alimente refrigerate
diepvriesproducten

mezeluri şi brânzeturi feliate
....
vleeswaren

conserve
....
conserven

detergent
....
wasmiddel

dulciuri
....
snoepgoed

articole de menaj
....
huishoudelijke artikelen

produse de curăţenie
....
schoonmaakmiddel

vânzătoare
....
verkoopster

casă
....
kassa

casier
....
kassier

listă de cumpărături
....
boodschappenlijstje

orar
....
openingstijden

portmoneu
....
portefeuille

carte de credit
....
creditkaart

geantă
....
tas

pungă de plastic
....
plastic zak

apă

water

suc

sap

lapte

melk

cola

cola

vin

wijn

bere

bier

alcool

alcohol

cacao

chocolademelk

ceai

thee

cafea

koffie

espresso

espresso

cappucino

cappuccino

banane

banaan

măr

appel

portocală

sinaasappel

pepene

watermeloen

lămâie

citroen

morcov

wortel

usturoi

knoflook

bambus

bamboe

ceapă

ui

ciupercă

paddenstoel

nuci

noten

paste făinoase

pasta

spagheti

spaghetti

orez

rijst

salată

salade

cartofi prăjiți

friet

cartofi țărănești

gebakken aardappelen

pizza

pizza

hamburger

hamburger

sandwich

sandwich

șnițel

schnitzel

șuncă

ham

salam

salami

cârnați

worst

pui

kip

friptură

gebraad

pește

vis

fulgi de ovăz

havermout

musli

muesli

cereale

cornflakes

făină

meel

corn

croissant

chifle

broodjes

pâine

brood

pâine prăjită

toast

biscuiți

koekjes

unt

boter

brânză de vaci

kwark

prăjitură

taart

ou

ei

ouă ochiuri

gebakken ei

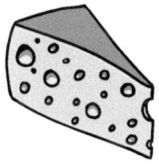

brânză

kaas

îngheţată

ijs

zahăr

suiker

miere

honing

marmeladă

jam

cremă nuga

chocoladepasta

curry

kerrie

mâncare - eten

gospodărie ţărănească

boerderij

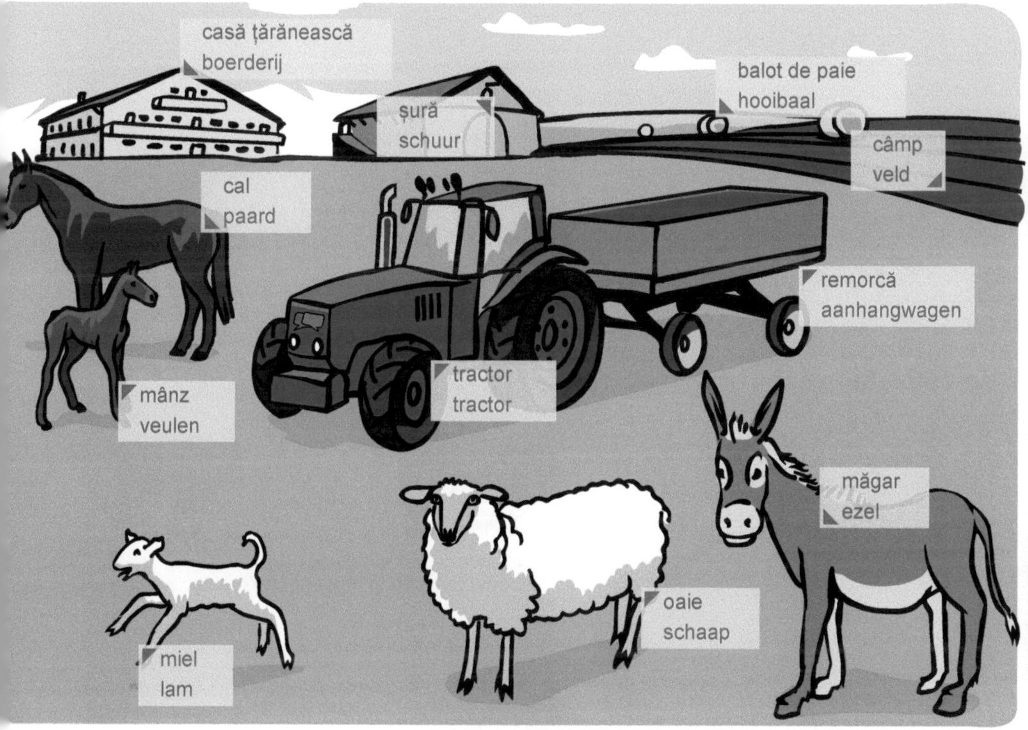

casă ţărănească
boerderij
şură
schuur
balot de paie
hooibaal
câmp
veld
cal
paard
remorcă
aanhangwagen
tractor
tractor
mânz
veulen
măgar
ezel
oaie
schaap
miel
lam

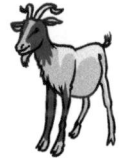

capră

geit

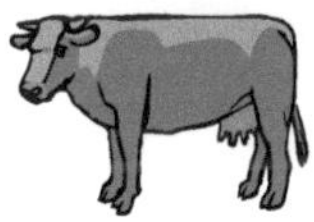

vacă

koe

viţel

kalf

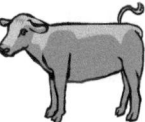

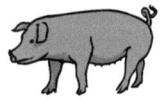

porc

varken

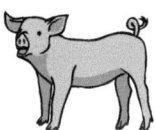

purcel

big

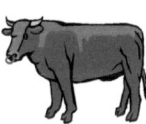

taur

stier

găină
gans

rață
eend

pui
kuiken

găină
kip

cocoș
haan

șobolan
rat

pisică
kat

șoarece
muis

bou
os

câine
hond

cușcă
hondenhok

furtun de grădină
tuinslang

stropitoare
gieter

coasă
zeis

plug
ploeg

secerǎ
....
sikkel

sapǎ
....
schoffel

furcǎ
....
hooivork

secure
....
bijl

roabǎ
....
kruiwagen

troacǎ
....
trog

canǎ pentru lapte
....
melkbus

sac
....
zak

gard
....
hek

grajd
....
stal

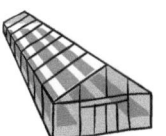

serǎ
....
broeikas

sol
....
grond

sǎmânțǎ
....
zaad

fertilizator
....
mest

combinǎ de treierat
....
maaidorser

a culege

oogsten

recoltă

oogst

cartof yam

yam

grâu

tarwe

soia

soja

cartof

aardappel

porumb

maïs

rapiță

koolzaad

pom fructifer

fruitboom

manioc

maniok

cereale

granen

casă
huis

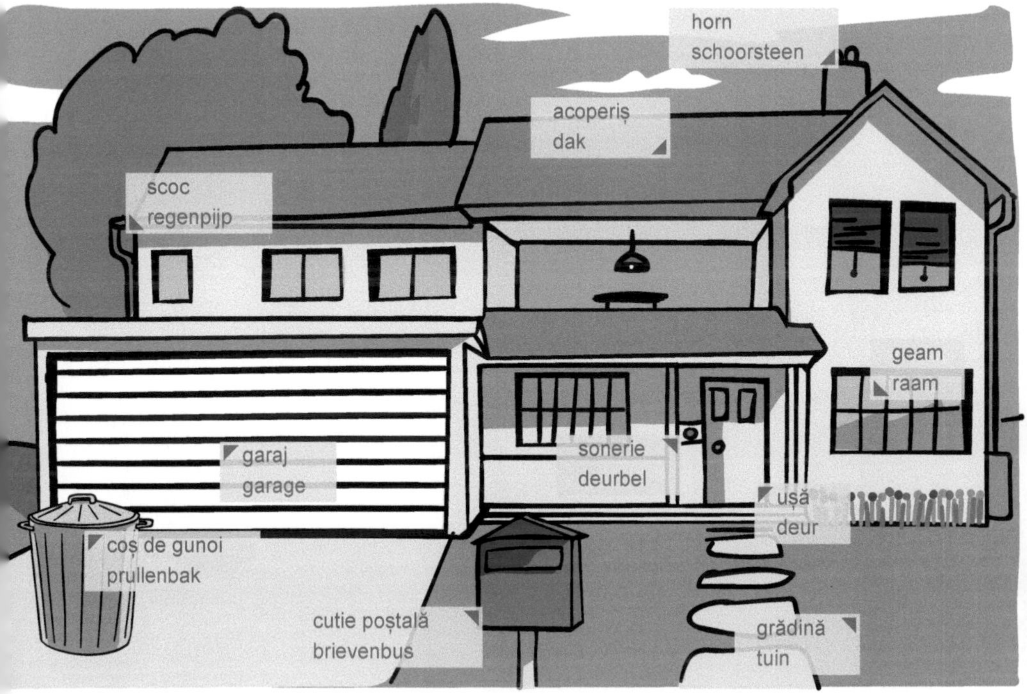
horn
schoorsteen
acoperiș
dak
scoc
regenpijp
geam
raam
garaj
garage
sonerie
deurbel
ușă
deur
coș de gunoi
prullenbak
cutie poștală
brievenbus
grădină
tuin

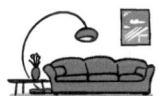

cameră de zi

woonkamer

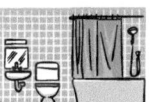

baie

badkamer

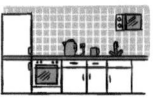

bucătărie

keuken

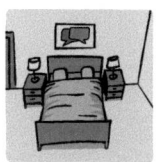

dormitor

slaapkamer

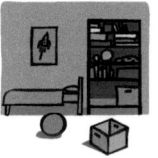

camera copiilor

kinderkamer

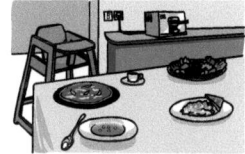

sufragerie

eetkamer

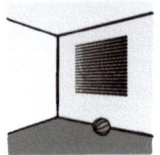

podea

vloer

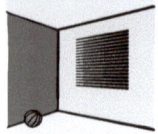

perete

muur

tavan

plafond

pivniță

kelder

saună

sauna

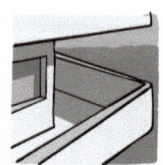

balcon

balkon

terasă

terras

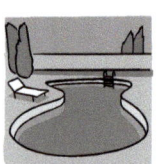

piscină

zwembad

mașină de tuns iarba

grasmaaier

cearșaf

laken

cuvertură

bedsprei

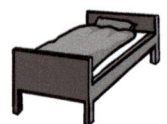

pat

bed

mătură

bezem

găleată

emmer

întrerupător

schakelaar

camerã de zi
woonkamer

tapet
behang
pictură
foto
lampă
lamp
raft
plank
dulap
kast
televizor
televisie
șemineu
open haard
floare
bloem
pernă
kussen
sofa
bankstel
vază
vaas
telecomandă
afstandsbediening

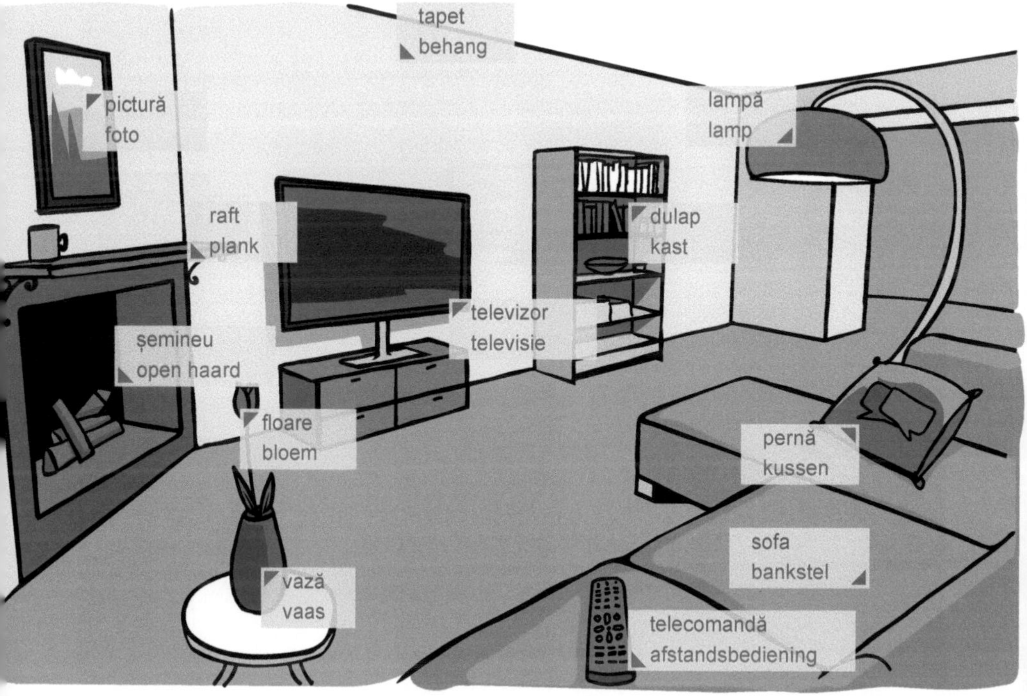

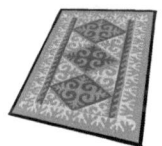

covor
tapijt

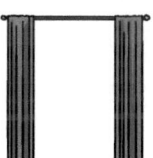

perdea
gordijn

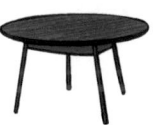

masă
tafel

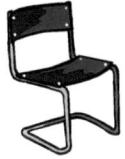

scaun
stoel

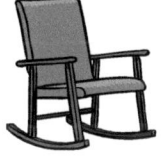

balansoar
schommelstoel

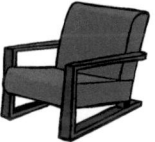

fotoliu
stoel

carte
boek

pătură
deken

decoraţiune
decoratie

lemn de foc
brandhout

film
film

instalaţie stereo
stereo-installatie

cheie
sleutel

ziar
krant

desen
schilderij

poster
poster

radio
radio

caiet de notiţe
kladblok

aspirator
stofzuiger

cactus
cactus

lumânare
kaars

bucătărie
keuken

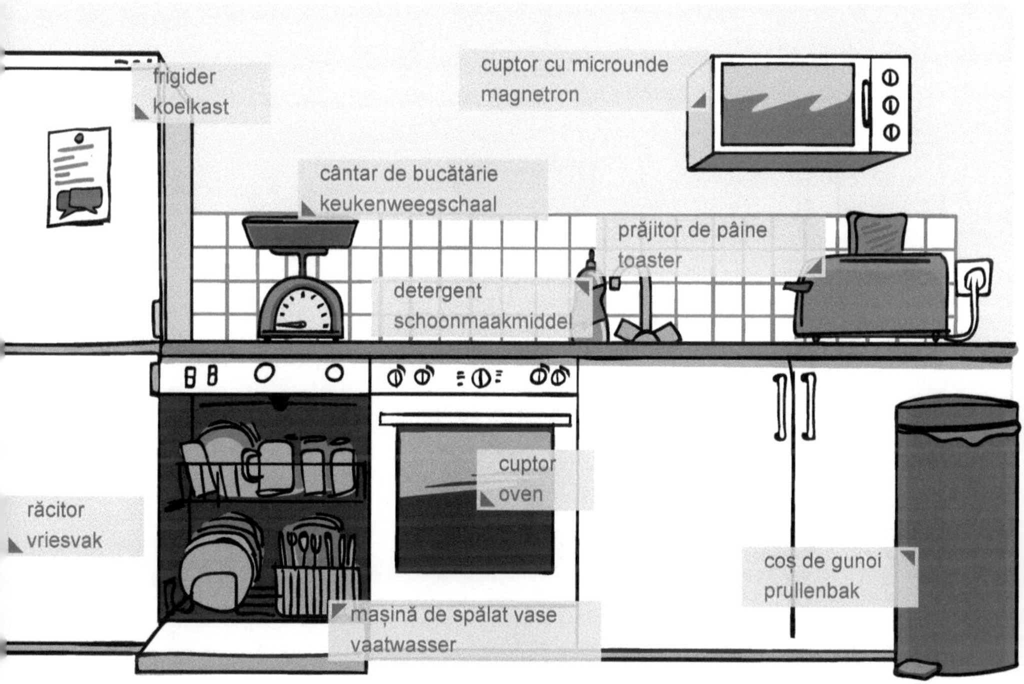

frigider
koelkast
cuptor cu microunde
magnetron
cântar de bucătărie
keukenweegschaal
prăjitor de pâine
toaster
detergent
schoonmaakmiddel
cuptor
oven
răcitor
vriesvak
coș de gunoi
prullenbak
mașină de spălat vase
vaatwasser

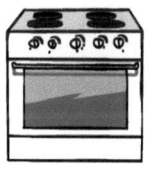

cuptor

fornuis

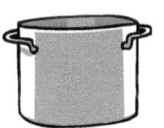

oală

pan

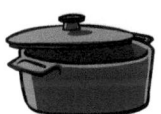

oală de metal

gietijzeren pan

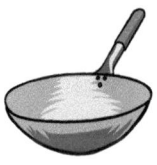

wok/kadai

wok / kadai

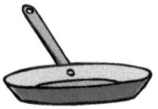

tigaie

koekenpan

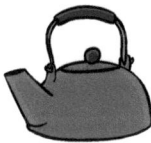

ceainic

ketel

oală de gătit cu aburi

stoomkoker

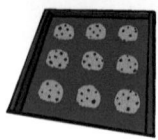

tavă de copt

bakplaat

veselă

servies

pahar

beker

bol

kom

bețișoare

eetstokjes

polonic

soeplepel

spatulă

spatel

tel

garde

sită

vergiet

sită

zeef

răzătoare

rasp

mojar

vijzel

grătar

barbecue

loc pentru grătar

vuurhaard

tocător
snijplank

sucitor
deegroller

tirbușon
kurkentrekker

conservă
blik

deschizător de conserve
blikopener

șervete termice
pannenlap

chiuvetă
wasbak

perie
borstel

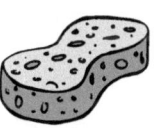

burete
spons

mixer
blender

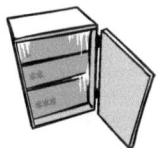

ladă frigorifică
vriezer

biberon
babyflesje

robinet
kraan

baie

badkamer

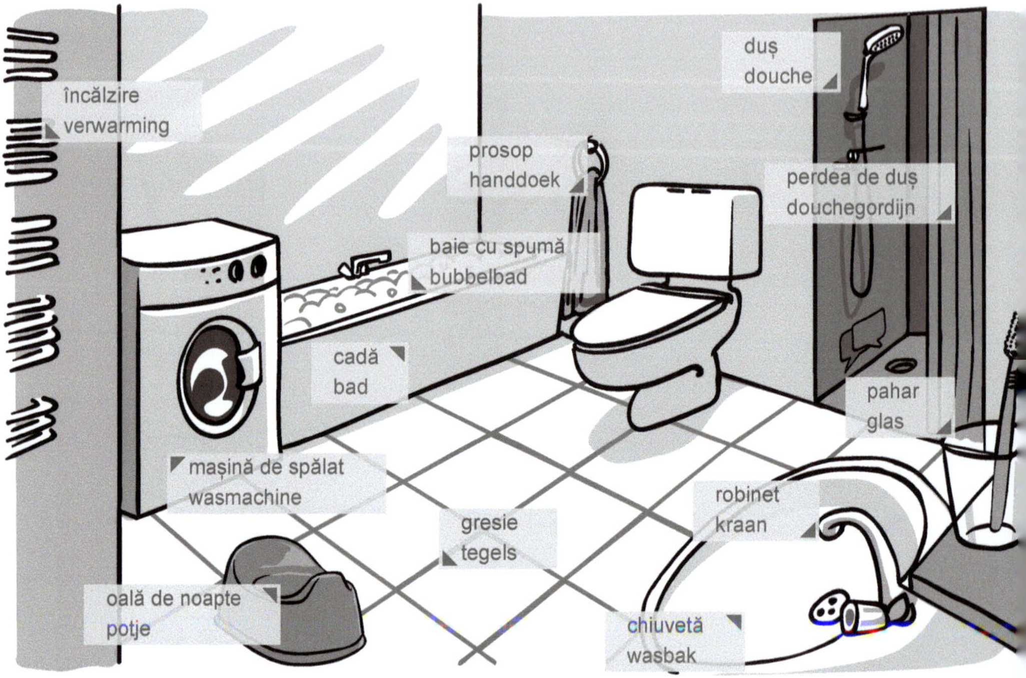

încălzire
verwarming

duș
douche

prosop
handdoek

perdea de duș
douchegordijn

baie cu spumă
bubbelbad

cadă
bad

pahar
glas

mașină de spălat
wasmachine

robinet
kraan

gresie
tegels

oală de noapte
potje

chiuvetă
wasbak

toaletă
toilet

toaletă turcească
hurktoilet

bideu
bidet

pisoir
urinoir

hârtie igienică
toiletpapier

perie de toaletă
toiletborstel

periuță de dinți

tandenborstel

pastă de dinți

tandpasta

ață dentară

flosdraad

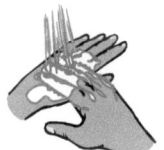

a spăla

wassen

cap de duș

handdouche

duș intim

toiletdouche

lavoar

waskom

perie pentru spate

rugborstel

săpun

zeep

gel de duș

douchegel

șampon

shampoo

cârpă de spălat

washanje

scurgere

afvoer

cremă

creme

deodorant

deodorant

oglindă
spiegel

oglindă cosmetică
make-upspiegel

aparat de ras
scheermes

spumă de ras
scheerschuim

aftershave
aftershave

pieptene
kam

perie
borstel

uscător de păr
haardroger

fixator
haarspray

machiaj
make-up

ruj
lippenstift

lac de unghii
nagellak

vată
watten

foarfece de unghii
nagelschaartje

parfum
parfum

neseser
toilettas

taburet
kruk

cântar
weegschaal

halat de baie
badjas

mănuși de cauciuc
rubber handschoenen

tampon
tampon

tampon
maandverband

toaletă chimică
chemisch toilet

camera copiilor
kinderkamer

ceas deșteptător
wekker
jucărie de pluș
knuffeldier
mașină de jucărie
speelgoedauto
morișcă
rammelaar
casă de păpuși
poppenhuis
cadou
cadeau

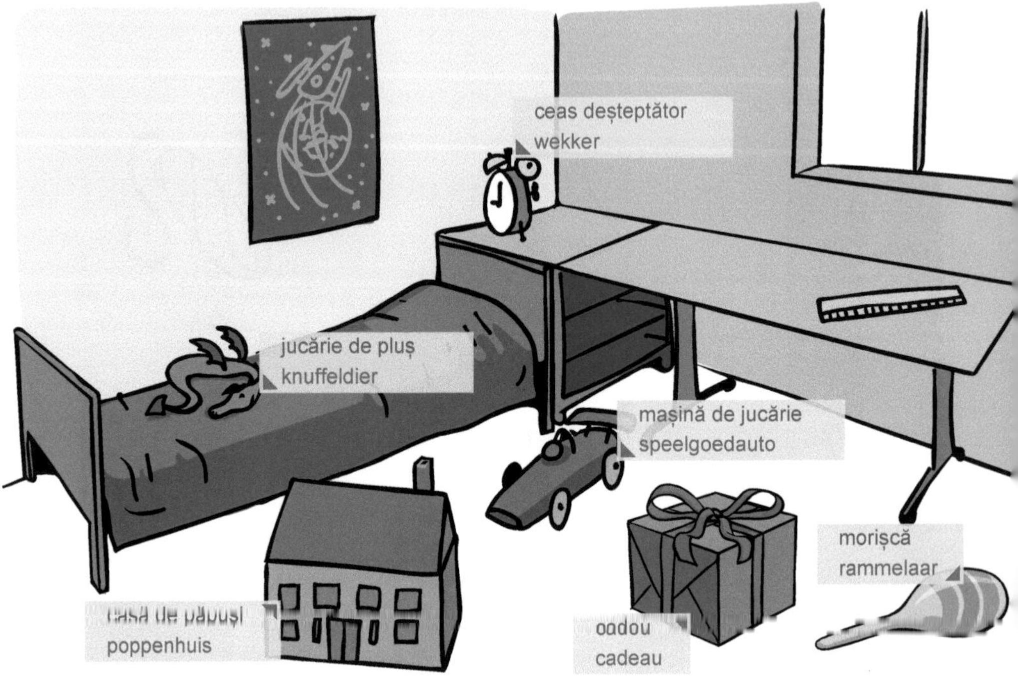

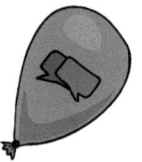

balon

ballon

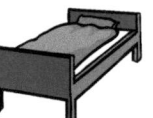

pat

bed

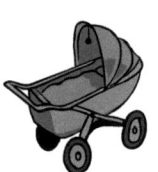

cărucior de copii

kinderwagen

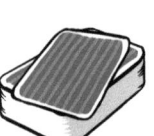

joc de cărți

kaartspel

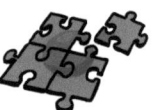

puzzle

puzzel

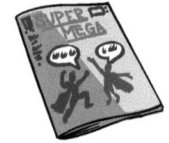

revistă de benzi desenate

stripverhaal

cuburi lego

legostenen

piese pentru construcții

speelgoedblokken

personaj din filmele de acțiune

actiefiguurtje

body

romper

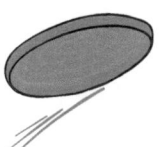

frisbee

frisbee

mobil

mobile

joc de societate

bordspel

zar

dobbelsteen

set trenuleț de jucărie

modeltrein

suzetă

speen

petrecere

feestje

carte cu poze

prentenboek

minge

bal

păpușă

pop

a se juca

spelen

groapă de nisip

zandbak

leagăn

schommel

jucării

speelgoed

consolă video

spelcomputer

tricicletă

driewieler

ursuleț

teddybeer

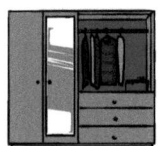

dulap

kleerkast

îmbrăcăminte
kleding

șosete

sokken

ciorapi

kousen

dres

panty

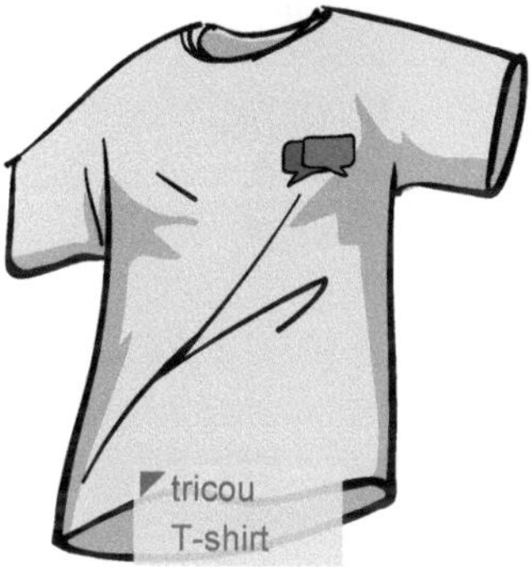

şal
sjaal

curea
riem

umbrelă
paraplu

tricou
T-shirt

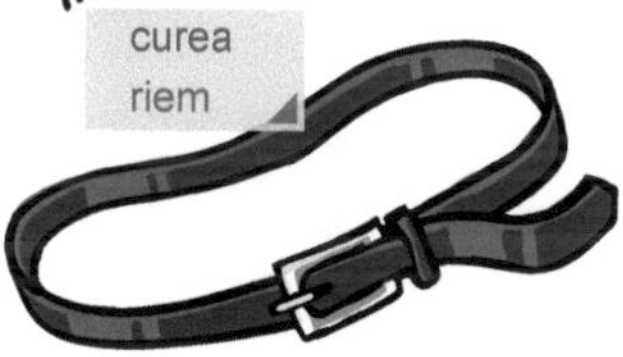

papuci
pantoffels

cizme
laarzen

pantofi sport
sportschoenen

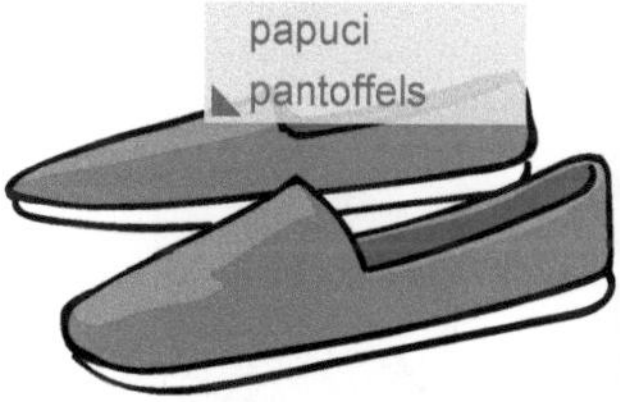

sandale
....
sandalen

încălţăminte
....
schoenen

cizme de cauciuc
....
rubberlaarzen

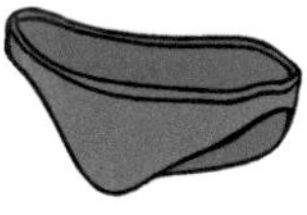

chilot
....
onderbroek

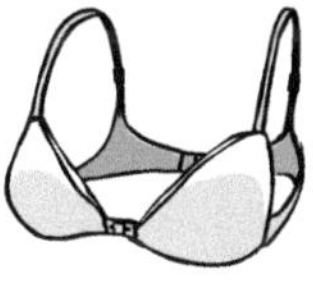

sutien
....
beha

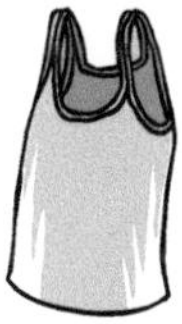

maiou
....
onderhemd

body
body

pantaloni
broek

blugi
spijkerbroek

fustă
rok

bluză
blouse

cămașă
overhemd

pulover
trui

jerseu
hoody

sacou
blazer

jachetă
jas

palton
mantel

pelerină de ploaie
regenjas

costum
kostuum

rochie
jurk

rochie de mireasă
trouwjurk

costum
pak

cămașă de noapte
nachthemd

pijama
pyjama

sari
sari

batic
hoofddoek

turban
tulband

burka
boerka

caftan
kaftan

abaya
abaja

costum de baie
zwempak

șort
zwembroek

pantaloni scurți
korte broek

trening
trainingspak

șorț
schort

mănuși
handschoenen

nasture

knoop

ochelari

bril

brățară

armband

lanț

ketting

inel

ring

cercel

oorbel

căciulă

pet

umeraș

kledinghanger

pălărie

hoed

cravată

stropdas

fermoar

rits

cască

helm

bretele

bretels

uniformă școlară

schooluniform

uniformă

uniform

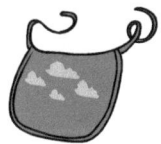

bavețică

slabbetje

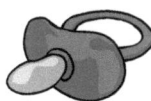

suzetă

speen

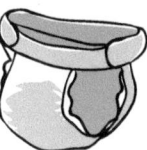

scutec

luier

birou

kantoor

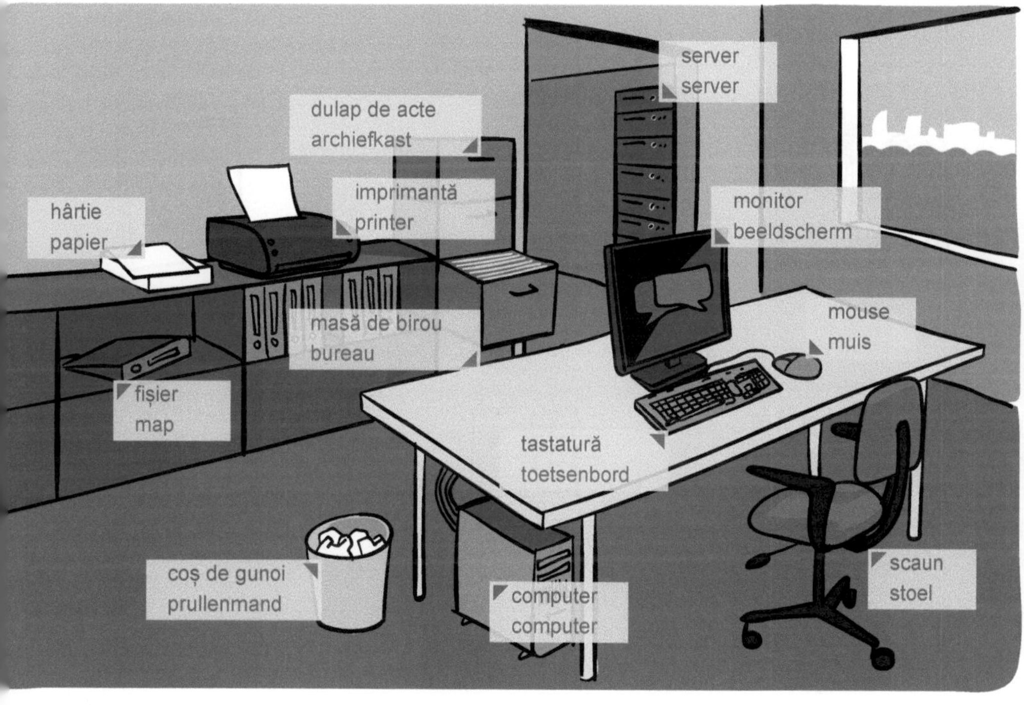

server
server
dulap de acte
archiefkast
hârtie
papier
imprimantă
printer
monitor
beeldscherm
masă de birou
bureau
mouse
muis
fișier
map
tastatură
toetsenbord
coș de gunoi
prullenmand
computer
computer
scaun
stoel

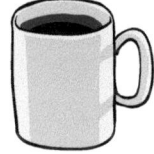

ceașcă de cafea

koffiemok

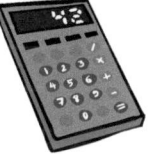

calculator

rekenmachine

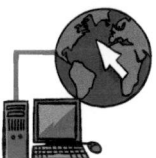

internet

internet

laptop

laptop

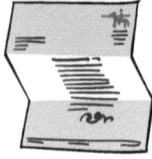

scrisoare

brief

mesaj

bericht

telefon mobil

mobiele telefoon

rețea

netwerk

copiator

kopieermachine

software

software

telefon

telefoon

priză

stopcontact

fax

fax

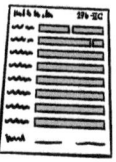

formular

formulier

document

document

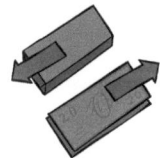

a cumpăra

kopen

a plăti

betalen

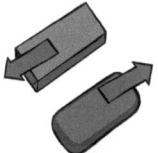

a face comerț

handel drijven

bani

geld

Dolar

dollar

Euro

euro

Yen

yen

Rublă

roebel

Franc Elvețian

Zwitserse frank

renminbi yuan

renminbi yuan

Rupie

roepie

bancomat

geldautomaat

casă de schimb valutar
....
wisselkantoor

aur
....
goud

argint
....
zilver

petrol
....
olie

energie
....
energie

preţ
....
prijs

contract
....
contract

impozit
....
belasting

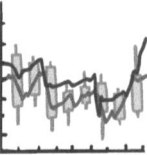

acţiune
....
aandeel

a munci
....
werken

angajat
....
werknemer

angajator
....
werkgever

fabrică
....
fabriek

magazin
....
winkel

ocupații
beroepen

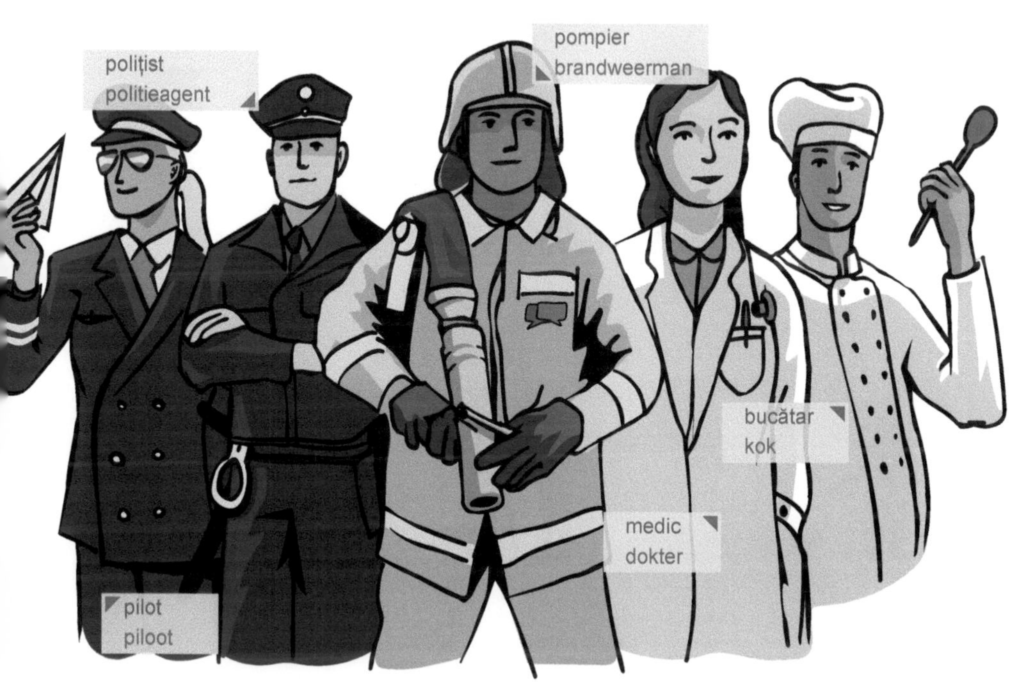
pompier
brandweerman
polițist
politieagent
bucătar
kok
medic
dokter
pilot
piloot

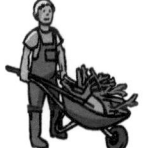

grădinar
....
tuinman

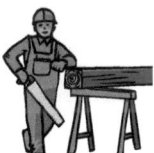

tâmplar
....
timmerman

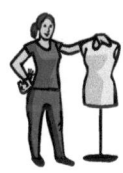

cusătoreasă
....
naaister

judecător
....
rechter

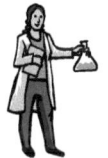

chimist
....
scheikundige

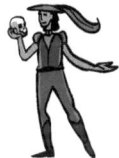

actor
....
toneelspeler

șofer de autobuz

buschauffeur

șofer de taxi

taxichauffeur

pescar

visser

femeie de serviciu

schoonmaakster

tinichigiu

dakdekker

chelnăr

ober

vânător

jager

pictor

schilder

brutar

bakker

electrician

elektricien

muncitor în construcții

bouwvakker

inginer

ingenieur

măcelar

slager

instalator

loodgieter

poștaș

postbode

soldat
soldaat

arhitect
architect

casier
kassier

florar
bloemist

frizer
kapper

controlor
conducteur

mecanic
monteur

căpitan
kapitein

stomatolog
tandarts

om de știință
wetenschapper

rabin
rabbi

imam
imam

călugăr
monnik

preot
pastoor

instrumente
gereedschap

ciocan
hamer
clește
tang
șurubelniță
schroevendraaier
cheie
moersleutel
lanternă
zaklamp

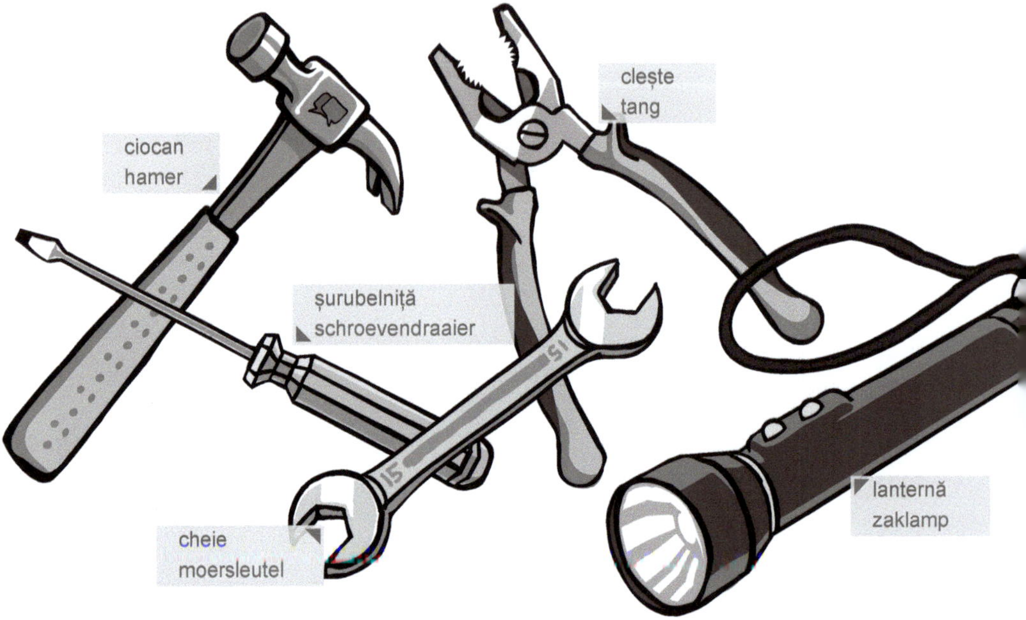

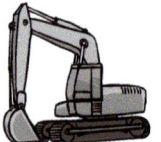

excavator

graafmachine

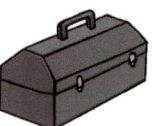

cutie de scule

gereedschapskist

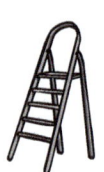

scară

ladder

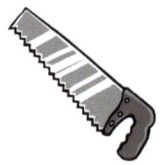

ferăstrău

zaag

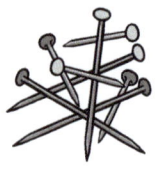

cuie

spijkers

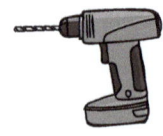

burghiu

boor

a repara

repareren

lopată

schep

La naiba!

Verdorie!

făraș

stofblik

vas pentru vopsea

verfpot

șuruburi

schroeven

instrumente muzicale
muziekinstrumenten

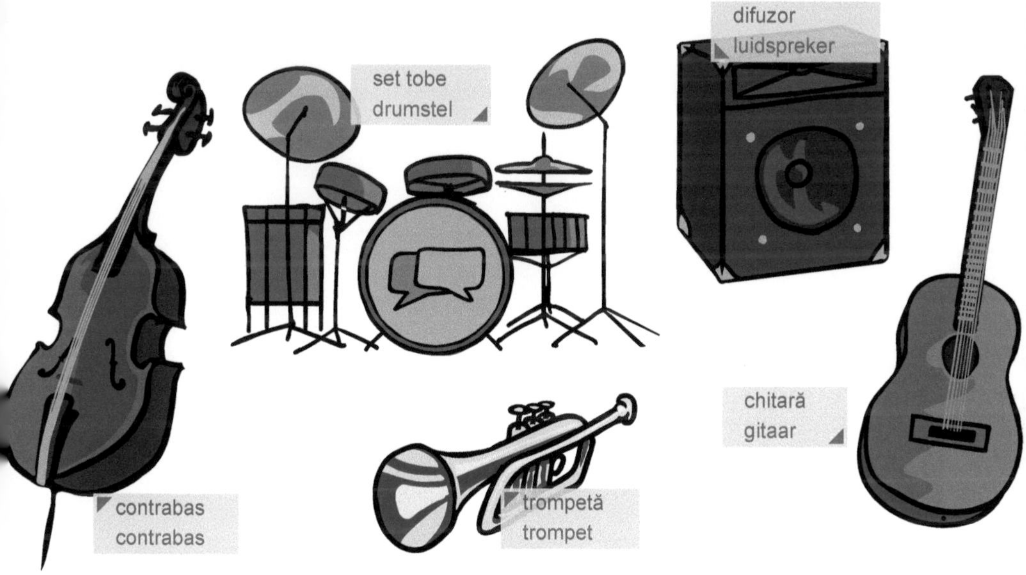

difuzor
luidspreker

set tobe
drumstel

contrabas
contrabas

trompetă
trompet

chitară
gitaar

pian

piano

vioară

viool

bas

bas

trombon

pauk

tobă

trommel

keyboard

keyboard

saxofon

saxofoon

fluier

fluit

microfon

microfoon

grădină zoologică
dierentuin

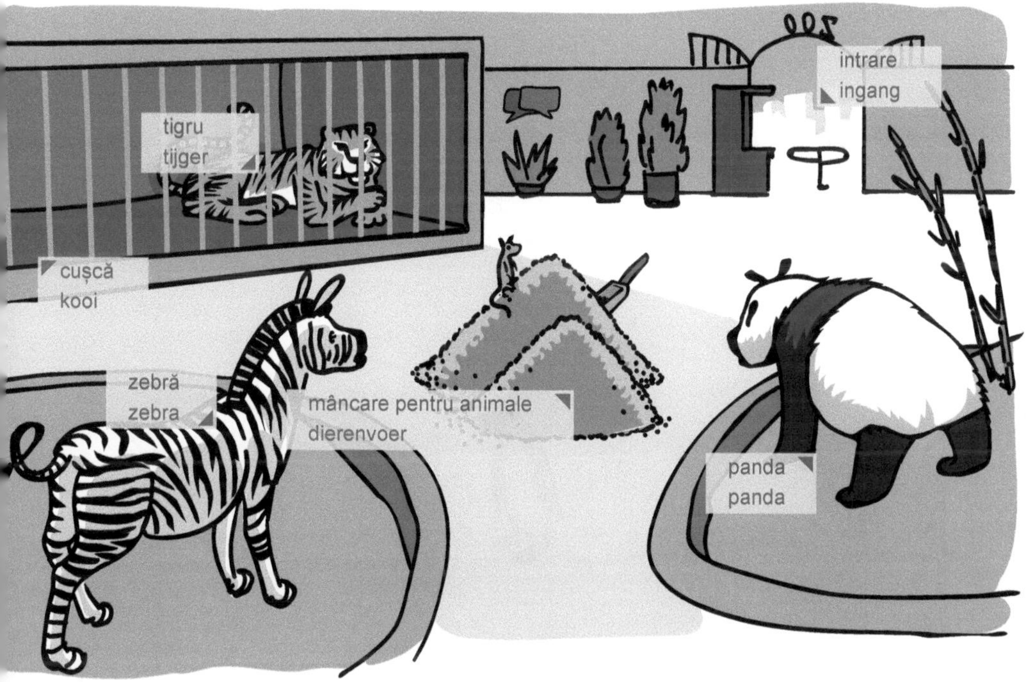
ZOO
intrare
ingang
tigru
tijger
cușcă
kooi
zebră
zebra
mâncare pentru animale
dierenvoer
panda
panda

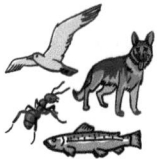

animale

dieren

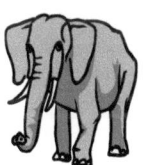

elefant

olifant

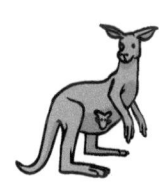

cangur

kangoeroe

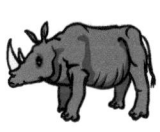

rinocer

neushoorn

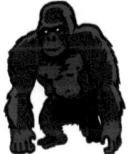

gorilă

gorilla

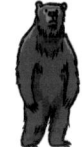

urs

beer

cămilă

kameel

struț

struisvogel

leu

leeuw

maimuță

aap

flamingo

flamingo

papagal

papegaai

urs polar

ijsbeer

pinguin

pinguïn

rechin

haai

păun

pauw

șarpe

slang

crocodil

krokodil

îngrijitor grădina zoologică

dierenverzorger

focă

zeehond

jaguar

jaguar

grădină zoologică - dierentuin

ponei
pony

leopard
luipaard

hipopotam
nijlpaard

girafă
giraffe

acvilă
adelaar

porc mistreț
wild zwijn

pește
vis

broască țestoasă
schildpad

morsă
walrus

vulpe
vos

gazelă
gazelle

fotbal american
American football

ciclism
wielrennen

tenis
tennis

basketball
basketbal

înot
zwemmen

box
boksen

hockey pe gheață
ijshockey

fotbal
voetbal

badminton
badminton

atletism
atletiek

handbal
handbal

schi
skiën

polo
polo

activități
activiteiten

a sări
springen
a îmbrățișa
knuffelen
a râde
lachen
a merge
lopen
a cânta
zingen
a visa
dromen
a se ruga
bidden
a săruta
kussen

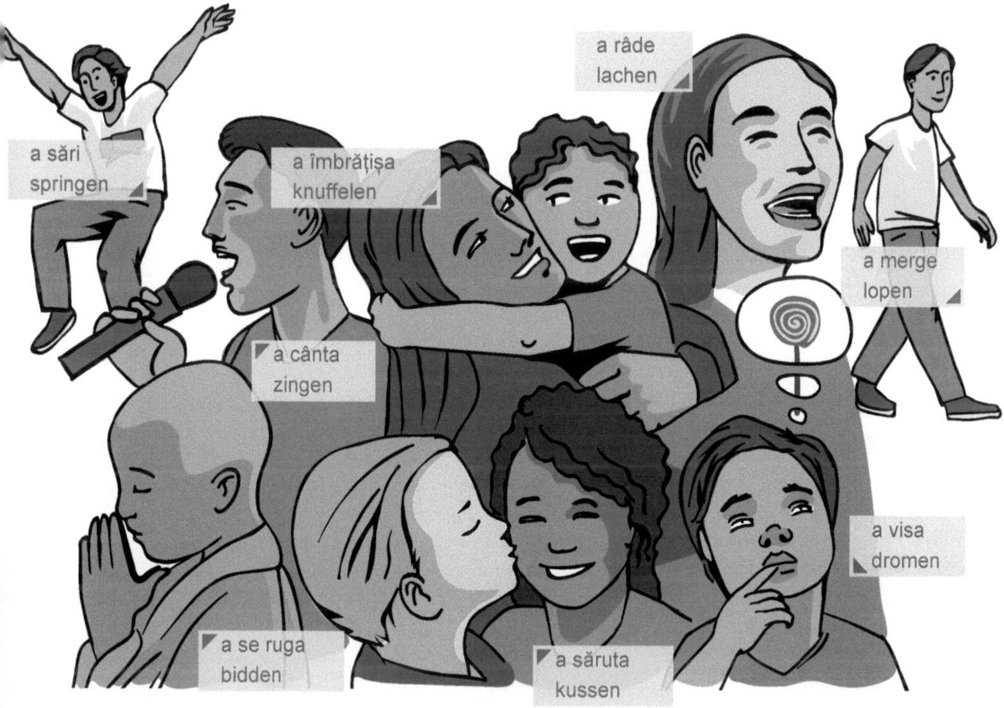

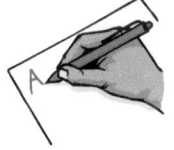

a scrie
schrijven

a desena
tekenen

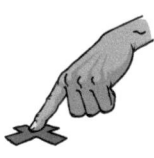

a arăta
tonen

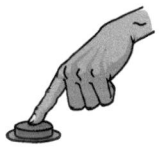

a împinge
duwen

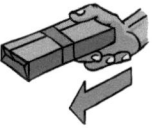

a da
geven

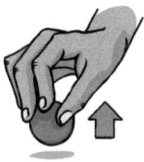

a lua
oppakken

a avea
....
hebben

a face
....
doen

a fi
....
zijn

a sta în picioare
....
staan

a fugi
....
rennen

a trage
....
trekken

a arunca
....
gooien

a cădea
....
vallen

a sta întins
....
liggen

a aștepta
....
wachten

a purta
....
dragen

a ședea
....
zitten

a se îmbrăca
....
aankleden

a dormi
....
slapen

a se trezi
....
wakker worden

activități - activiteiten

a privi

bekijken

a plânge

huilen

a mângâia

strelen

a se pieptăna

kammen

a vorbi

praten

a înțelege

begrijpen

a întreba

vragen

a asculta

horen

a bea

drinken

a mânca

eten

a face ordine

opruimen

a iubi

houden van

a găti

koken

a conduce

rijden

a zbura

vliegen

a naviga

zeilen

a calcula

rekenen

a citi

lezen

a învăța

leren

a munci

werken

a se căsători

trouwen

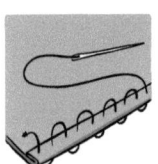

a coase

naaien

a se spăla pe dinți

tandenpoetsen

a ucide

doden

a fuma

roken

a trimite

verzenden

familie

familie

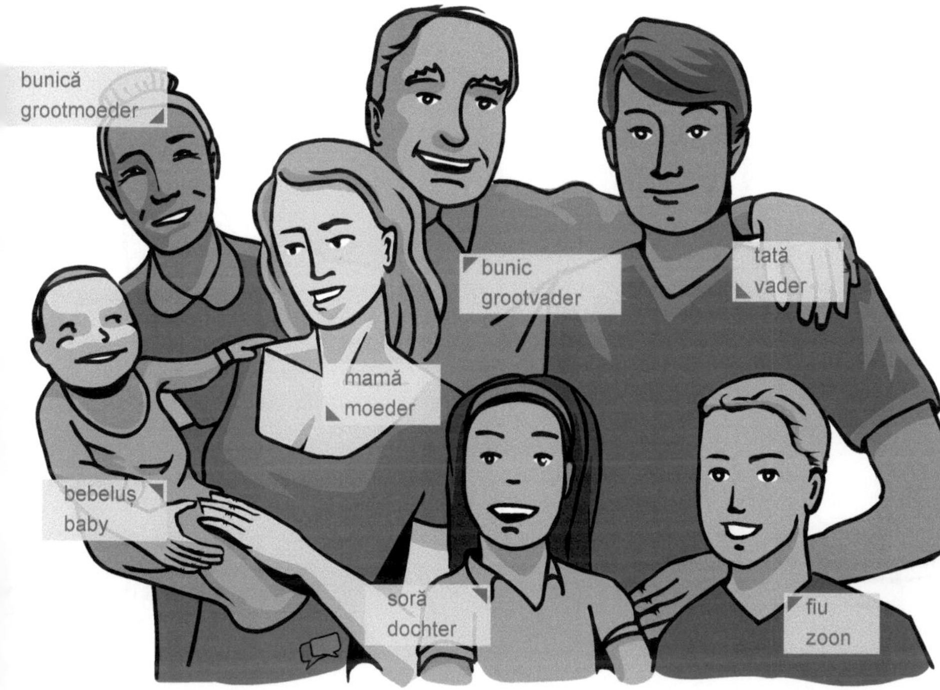
bunică
grootmoeder
bunic
grootvader
tată
vader
mamă
moeder
bebeluș
baby
soră
dochter
fiu
zoon

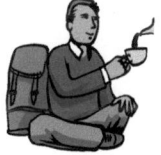

oaspete

gast

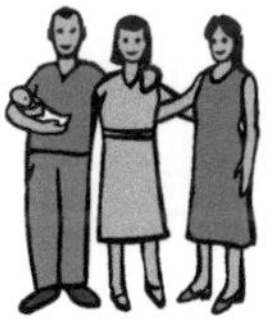

mătușă

tante

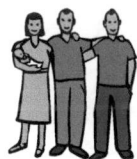

unchi

oom

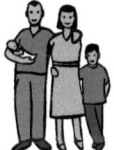

frate

broer

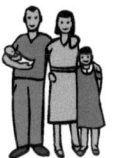

soră

zus

corp
lichaam

frunte
voorhoofd
ochi
oog
umăr
schouder
deget
vinger
față
gezicht
bărbie
kin
mână
hand
piept
borst
picior
been
braț
arm

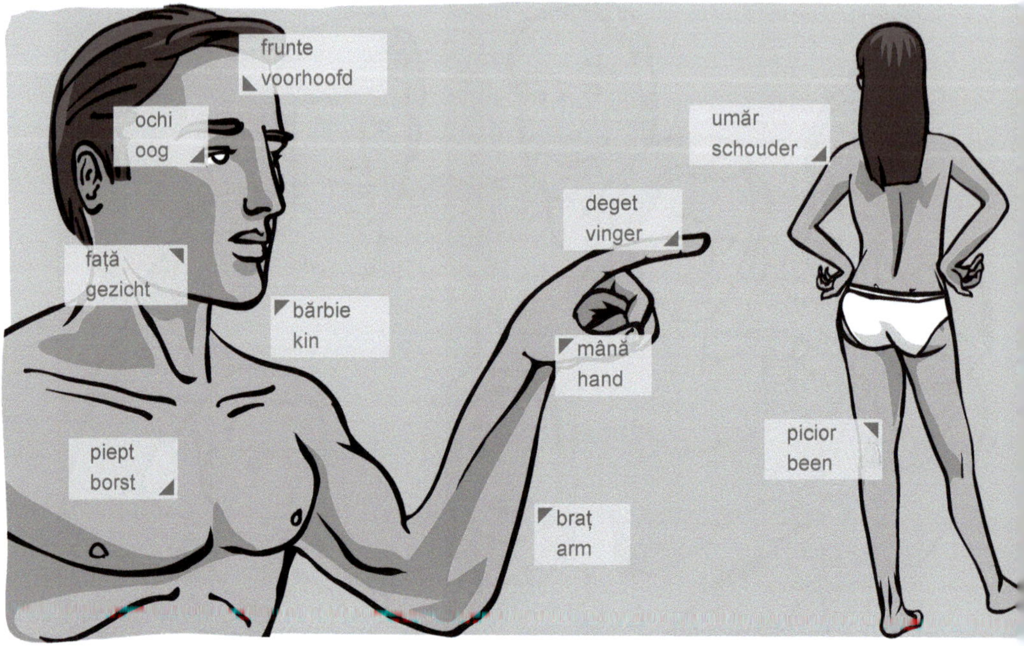

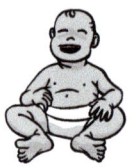

bebeluș

baby

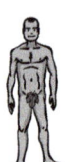

bărbat

man

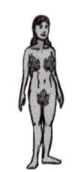

femeie

vrouw

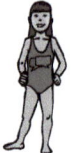

fată

meisje

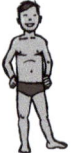

băiat

jongen

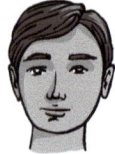

cap

hoofd

spate
....
rug

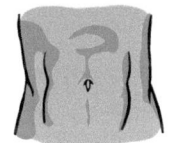

abdomen
....
buik

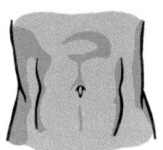

ombilic
....
navel

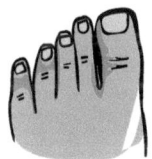

deget de la picior
....
teen

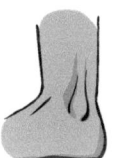

călcâi
....
hiel

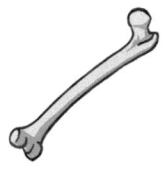

os
....
bot

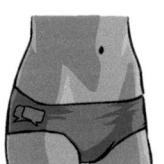

șold
....
heup

genunchi
....
knie

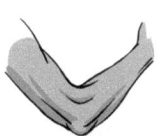

cot
....
elleboog

nas
....
neus

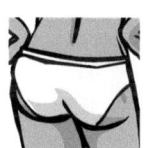

fund
....
achterwerk

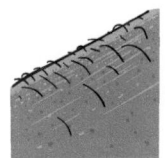

piele
....
huid

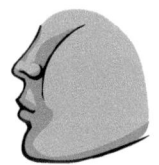

obraz
....
wang

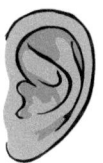

ureche
....
oor

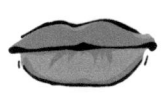

buză
....
lippen

gură
mond

dinte
tand

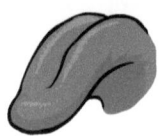

limbă
tong

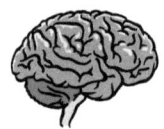

creier
hersenen

inimă
hart

muşchi
spier

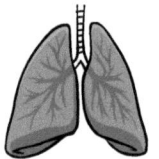

plămân
long

ficat
lever

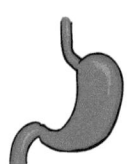

stomac
maag

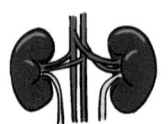

rinichi
nieren

sex
geslachtsgemeenschap

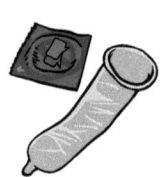

prezervativ
condoom

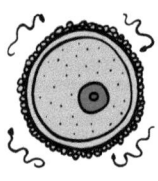

ovul
eicel

spermă
sperma

sarcină
zwangerschap

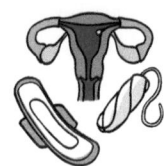

menstruație
menstruatie

vagin
vagina

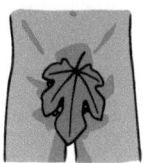

penis
penis

sprânceană
wenkbrauw

păr
haar

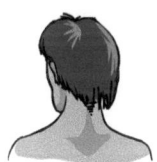

gât
hals

spital
ziekenhuis

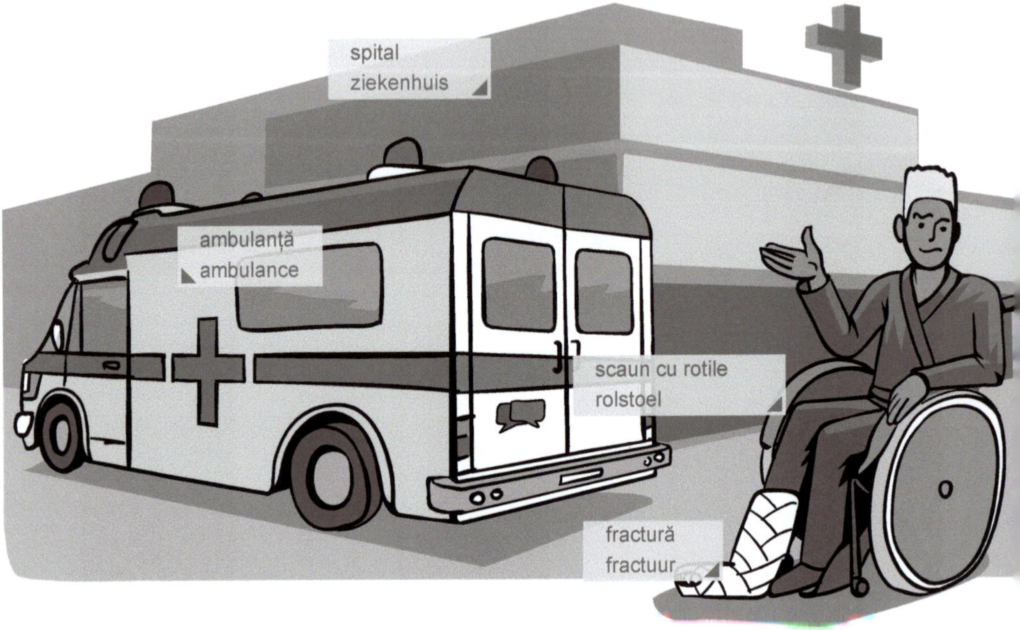
spital
ziekenhuis
ambulanță
ambulance
scaun cu rotile
rolstoel
fractură
fractuur

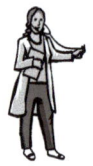

medic
dokter

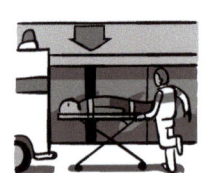

unitate de primiri urgențe
EHBO

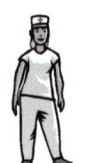

soră medicală
verpleegster

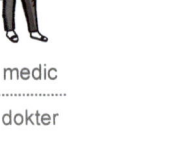

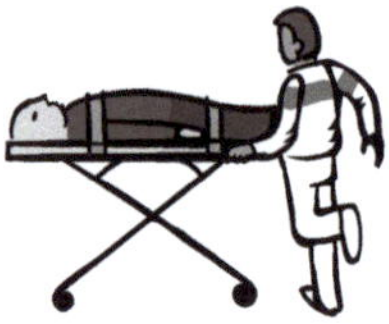

urgență
noodgeval

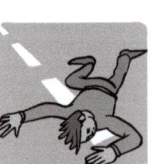

inconștient
bewusteloos

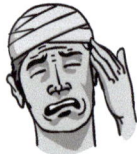

durere
pijn

leziune

verwonding

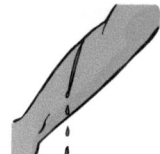

sângerare

bloeding

infarct miocardic

hartaanval

atac cerebral

beroerte

alergie

allergie

tuse

hoest

febră

koorts

gripă

griep

diaree

diarree

durere de cap

hoofdpijn

cancer

kanker

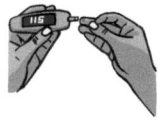

diabet

diabetes

chirurg

chirurg

scalpel

scalpel

operație

operatie

CT
CT

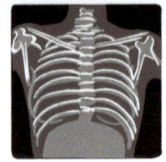

raze Röntgen
röntgen

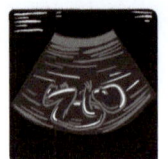

ultrasunet
echografie

mască
gezichtsmasker

boală
ziekte

sală de așteptare
wachtkamer

cârjă
kruk

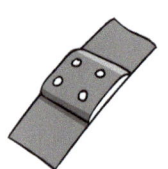

plasture
pleister

bandaj
verband

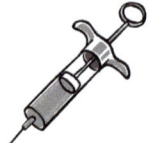

injecție
injectie

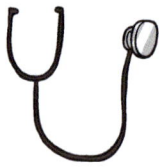

stetoscop
stethoscoop

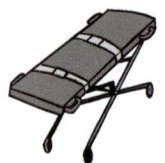

targă
brancard

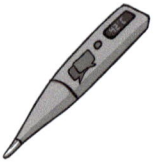

termometru
thermometer

naștere
geboorte

supraponderabilitate
overgewicht

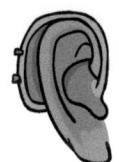

aparat auditiv

gehoorapparaat

dezinfectant

ontsmettingsmiddel

infecție

infectie

virus

virus

HIV/SIDA

HIV / AIDS

medicină

medicijn

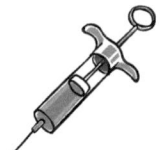

vaccin

inenting

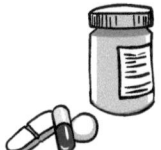

tablete

tabletten

pastilă

pil

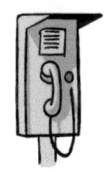

apel de urgență

alarmnummer

aparat de măsurare a
presiunii arteriale

bloeddrukmeter

bolnav/sănătos

ziek / gezond

Ajutor!

Help!

alarmă

alarm

agresiune

overval

atac

aanval

pericol

gevaar

ieșire de urgență

nooduitgang

Foc!

Brand!

extinctor

brandblusser

accident

ongeluk

trusă de prim-ajutor

EHBO-koffer

SOS

SOS

poliție

politie

Europa

Europa

America de Nord

Noord-Amerika

America de Sud

Zuid-Amerika

Africa

Afrika

Asia

Azië

Australia

Australië

Altantic

Atlantische Oceaan

Pacific

Stille Oceaan

Oceanul Indian

Indische Oceaan

Oceanul Antarctic

Zuidelijke Oceaan

Oceanul Arctic

Noordelijke IJszee

Polul Nord

Noordpool

Polul Sud

Zuidpool

Antarctica

Antarctica

pământ

aarde

ţară

land

mare

zee

insulă

eiland

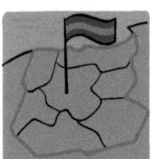

naţiune

natie

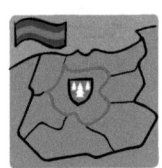

stat

staat

cadran

wijzerplaat

orar

uurwijzer

minutar

minutenwijzer

secundar

secondewijzer

Cât e ceasul?

Hoe laat is het?

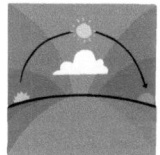

zi

dag

timp

tijd

acum

nu

cead digital

digitaal horloge

minut

minuut

oră

uur

săptămână
week

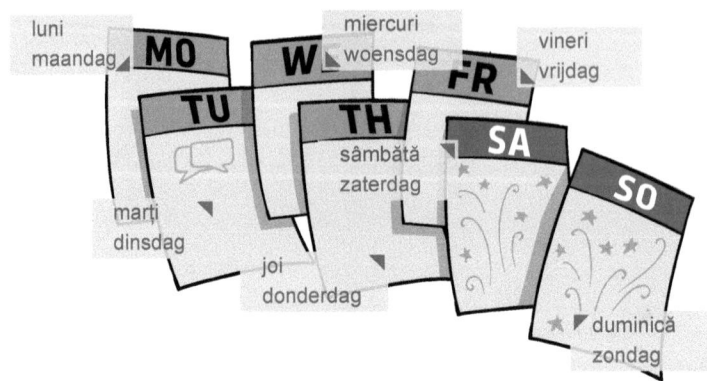

luni / maandag — MO
marți / dinsdag — TU
miercuri / woensdag — W
joi / donderdag — TH
sâmbătă / zaterdag — SA
vineri / vrijdag — FR
duminică / zondag — SO

ieri
gisteren

azi
vandaag

mâine
morgen

dimineață
ochtend

amiază
middag

seară
avond

MO	TU	WE	TH	FR	SA	SU
1	2	3	4	5	6	7
8	9	10	11	12	13	14
15	16	17	18	19	20	21
22	23	24	25	26	27	28
29	30	31	1	2	3	4

zile lucrătoare
werkdagen

MO	TU	WE	TH	FR	SA	SU
1	2	3	4	5	6	7
8	9	10	11	12	13	14
15	16	17	18	19	20	21
22	23	24	25	26	27	28
29	30	31	1	2	3	4

week-end
weekend

an
jaar

ploaie
regen
curcubeu
regenboog
zăpadă
sneeuw
vânt
wind
primăvară
voorjaar
toamnă
herfst
vară
zomer
iarnă
winter

4.APRIL 11°
5.APRIL 4°
6.APRIL 13°
7.APRIL 8°
8.APRIL 10°

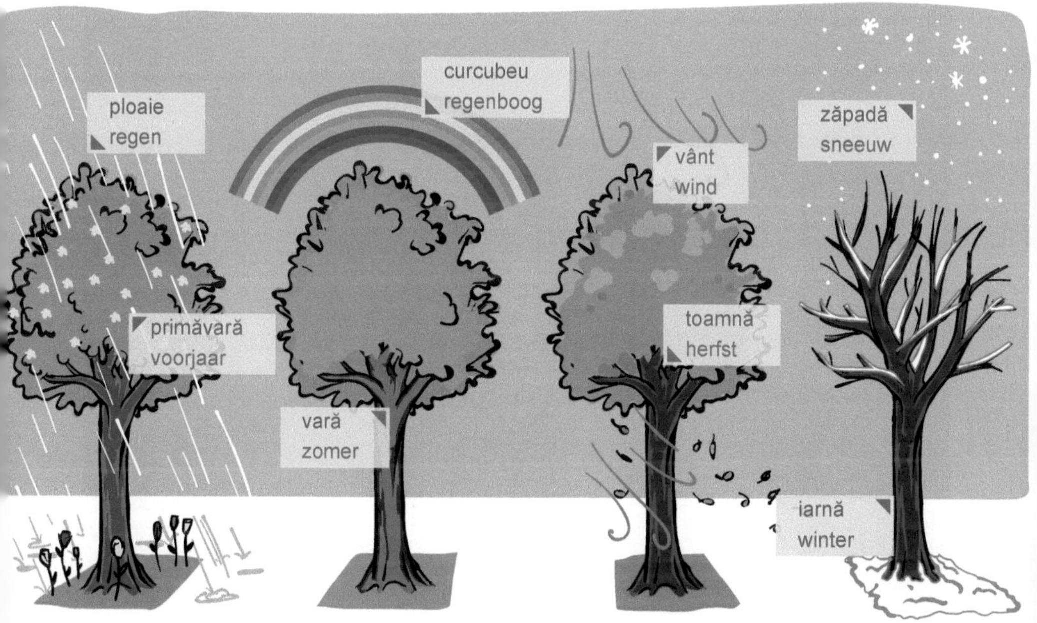

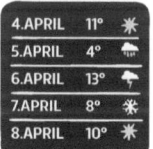

prognoză meteo

weerbericht

F C
120 40
90 30
60 20
30 10
0 0
-30 -10
-20

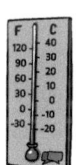

termometru

thermometer

lumina soarelui

zonneschijn

nor

wolk

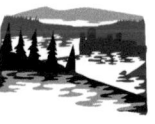

ceață

mist

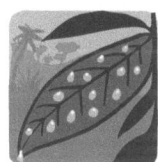

umiditate a aerului

luchtvochtigheid

fulger

bliksem

tunet

donder

furtună

storm

grindină

hagel

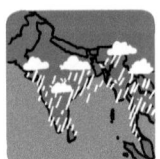

muson

moesson

inundație

overstroming

gheață

ijs

ianuarie

januari

februarie

februari

martie

maart

aprilie

april

mai

mei

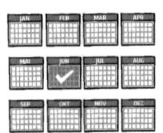

iunie

juni

iulie

juli

august

augustus

an - jaar

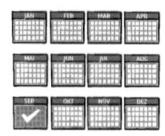

septembrie
....
september

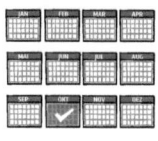

octombrie
....
oktober

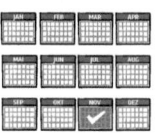

noiembrie
....
november

decembrie
....
december

cerc
....
cirkel

pătrat
....
vierkant

dreptunghi
....
rechthoek

triunghi
....
driehoek

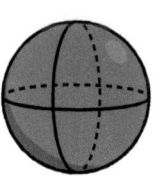

sferă
....
bol

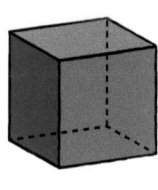

cub
....
kubus

alb

wit

galben

geel

portocaliu

oranje

roz

roze

roșu

rood

violet

paars

albastru

blauw

verde

groen

maro

bruin

gri

grijs

negru

zwart

mult/puțin
veel / weinig

furios/calm
boos / rustig

frumos/urât
mooi / lelijk

început/sfârșit
begin / einde

mare/mic
groot / klein

luminos/întunecat
licht / donker

frate/soră
broer / zus

curat/murdar
schoon / vies

complet/incomplet
volledig / onvolledig

zi/noapte
dag/ nacht

mort/viu
dood / levend

lat/strâmt
breed / smal

comestibil/necomestibil

eetbaar / oneetbaar

ră/prietenos

gemeen / aardig

emoţionat/plictisit

opgewonden / verveeld

gras/slab

dik / dun

primul/ultimul

eerste / laatste

prieten/inamic

vriend / vijand

plin/gol

vol / leeg

tare/moale

hard / zacht

greu/uşor

zwaar / licht

foame/sete

honger / dorst

bolnav/sănătos

ziek / gezond

ilegal/legal

illegaal / legaal

inteligent/stupid

intelligent / dom

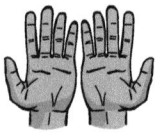

stânga/dreapta

links / rechts

aproape/departe

dichtbij / ver

nou/uzat

nieuw / gebruikt

nimic/ceva

niets / iets

bătrân/tânăr

oud / jong

pornit/oprit

aan / uit

deschis/închis

open / gesloten

încet/tare

zacht / luid

bogat/sărac

rijk / arm

corect/fals

goed / fout

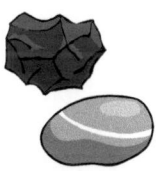

aspru/neted

ruw / glad

trist/fericit

verdrietig / gelukkig

lung/scurt

kort / lang

încet/repede

langzaam / snel

ud/uscat

nat / droog

cald/rece

warm / koel

război/pace

oorlog / vrede

cifre

getallen

0

zero

nul

1

unu

één

2

doi

twee

3

trei

drie

4

patru

vier

5

cinci

vijf

6

șase

zes

7

șapte

zeven

8

opt

acht

9

nouă

negen

10

zece

tien

11

unsprezece

elf

12

douăsprezece

twaalf

13

treisprezece

dertien

14

paisprezece

veertien

15

cincisprezece

vijftien

16

șaisprezece

zestien

17

șaptesprezece

zeventien

18

optsprezece

achttien

19

nouăsprezece

negentien

20

douăzeci

twintig

100

o sută

honderd

1.000

o mie

duizend

1.000.000

un milion

miljoen

engleză

Engels

engleză americană

Amerikaans Engels

chineza mandarină

Chinees Mandarijn

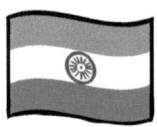

hindi

Hindi

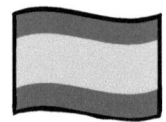

spaniolă

Spaans

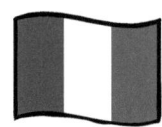

franceză

Frans

arabă

Arabisch

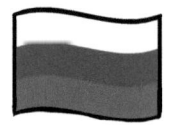

rusă

Russisch

protugheză

Portugees

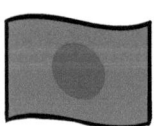

bengaleză

Bengalees

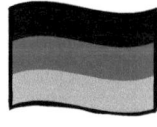

germană

Duits

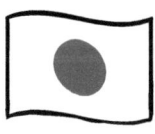

japoneză

Japans

eu
ik

tu
jij

el/ea
hij / zij / het

noi
wij

voi
jullie

ea
zij

cine?
wie?

ce?
wat?

cum?
hoe?

unde?
waar?

când?
wanneer?

nume
naam

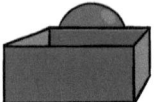

în spate

achter

în

in

înainte

voor

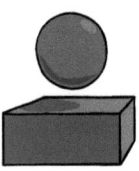

peste

boven

pe

op

sub

onder

lângă

naast

între

tussen

loc

plaats